夕方、犬の散歩をする
お姉さんと弟。
（鹿児島県枕崎市）

現地取材！ **世界のくらし❶**

日 本

もくじ

●おはようございます
朝のあいさつ

●こんにちは
昼のあいさつ

●こんばんは
夜のあいさつ

沖縄県の海。

鹿児島県奄美大島の布・大島紬はどろで染色される。

友人とおしゃべりを楽しむおばあさん。

おそろいの祭り衣装を着て祭りに参加する。

◀こちらのサイトにアクセスすると、本書に掲載していない
写真や、関連動画を見ることができます。

石川県の「雪だるままつり」では
各家庭で雪だるまをつくる。

正月が近づくと売りだされる
正月用のしめかざり。

ペットショップで犬のトリミングをする女性。

公園でサッカーの練習を
する若者たち。

南北のちがいと四季の変化

▲東北地方の平原。秋が間近で、木ぎが紅葉しはじめている。（秋田県仙北市）

日本は南北に長い島国

　日本はユーラシア大陸の東、太平洋の西のはしに位置しています。弓の形をした島国で、北海道、本州、四国、九州の4つの大きな島と、約6800の小さな島じまからなります。

　南北の長さが約3000kmもあるため、北と南で気候がかなりちがいます。そのため森林を構成する植物も北と南では大きくことなります。北ではエゾマツやブナなどの寒さに強い植物が、南ではマングローブ＊などの植物が見られます。

＊マングローブ：熱帯や亜熱帯の河口や海岸部に生えている植物の総称。

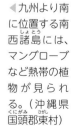

◀沖縄の島じまは、サンゴ礁の美しい海に囲まれている。（沖縄県宮古島市）

◀九州より南に位置する南西諸島には、マングローブなど熱帯の植物が見られる。（沖縄県国頭郡東村）

四季折おりの自然

日本は大部分が温暖湿潤気候区に属しているため、気候は全体的に温和で、たくさんの雨が降ります。

また、春、夏、秋、冬の四季の変化がはっきりしているのも日本の気候の特徴です。春には

ウメやサクラなどの色とりどりの花がさき、夏にはヒマワリがさき、秋には紅葉が見られ、冬には雪が降りつもります。こうして四季によって移りかわる自然が楽しめます。

春から秋にかけて、梅雨や台風の影響でたくさんの雨が降ります。この降水量の多さが、日本に緑豊かな森が多い理由のひとつです。

サクラが見ごろの時期には、たくさんの人が花見を楽しむ。（東京都昭島市）

▲南北に長い日本では、紅葉の時期も各地で少しずつずれる。（秋田県仙北市）

▲日本でも有数の豪雪地帯である石川県白山市では、多い年で2mくらい雪が積もることもある。

第1次産業から第3次産業へ

▲かりとったイネは天日に干して乾燥させる。これは「ほだがけ」などとよばれる。(秋田県湯沢市)

▲田畑の中に建つかやぶき屋根の古い民家。かやぶき屋根とは、ススキなどのイネ科の草でおおった屋根のこと。厚く積まれた草がすき間をふさいで雨もりしないようになっている。かやぶき屋根の民家は、かつて山間部の農村では数多く見られたが、今はどんどんへりつつある。(秋田県仙北市)

豊かな山の幸・海の幸

　日本は国土の70%以上が山地で、その大部分が緑におおわれています。そのため春にはゼンマイやワラビなどの山菜が、秋にはクリやきのこなどが豊富にとれます。周囲を海に囲まれているため、暖流や寒流にのってサンマやイワシなどたくさんの魚がやってきます。このように、日本は山の幸や海の幸に恵まれた国です。

▲海に囲まれた日本では、海辺で魚つりを楽しむ人も多い。(福岡県糸島市)

▲福岡県の製塩所。ここには海水を天日干しにして濃縮させるための竹を組んだ設備がある。(福岡県糸島市)

世界有数の工業国

　長い間、日本の産業の中心は農業や漁業などの第1次産業でした。やがて19世紀後半から工業化が進み、1960年代には世界でも有数の工業国に発展しました。パソコンやテレビに使われる電子部品や自動車の生産高は、世界でもトップレベルです。

　現在、働く人の割合でもっとも多いのは、金融業や通信業、サービス業などの第3次産業です。働く人全体の約71％が、これらの仕事についています。農業や漁業などの第1次産業で働く人は、全体の4％にまで減少しました。

▲上の写真の設備で天日干しした海水を煮つめて塩をつくる。(福岡県糸島市)

▼山間部の休耕田を活用する活動で、都心から来た若者たちが田植えをおこなっている。(千葉県匝瑳市)

▼たくさんのビルがたちならぶ東京都の中心部。ここでは多くの人が第3次産業で働いている。(東京都港区)

◀日本の工業製品の優秀さは海外でもよく知られている。(東京都立川市)

都市部にくらす4人家族

京香です。私の家族と家を紹介します！

▲京香さんの家族。お父さん（左）は、家にいるときはいつも作務衣すがたでくつろいでいる。

▼玄関ドアの前に置かれた、きれいに手入れされた花ばな。

静かな住宅街にある木造の一軒家

　小学6年生の京香さんがくらすのは、東京の中心部にある木造一軒家です。京香さんとお父さん、お母さん、お兄さんの4人でくらしています。周囲は一軒家がならぶ静かな住宅街です。

　玄関の前には、鉢に植えられたきれいな花ばながならべられています。玄関のインターフォンを押すと、お母さんがドアを開けて出むかえてくれました。くつをぬいで家の中に入ります。

玄関まわり

▶玄関に置かれた傘立て。

▲玄関マットとスリッパ。日本では、玄関でくつをぬぎ、家の中では素足ですごすか、スリッパをはく。

家の間取り

1階には寝室として使われている和室や風呂などがあり、2階には居間と台所、和室、子ども部屋などがあります。和室の上にはロフト（屋根裏部屋）があります。ここはお兄さんの寝室として使われています。

居間にはテレビやテーブル、ソファなどがあります。京香さんは勉強するとき以外は、居間で家族とくつろいだり、おしゃべりをしたりしてすごすことが多いそうです。

いらっしゃい。

◀玄関に置かれた招き猫。縁起がよい置き物とされている。右前あしを上げている猫は、金運を招く猫。

◀玄関前の階段を上がって2階へ。

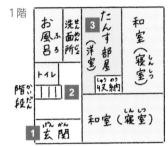

1階

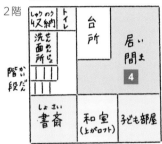

2階

▲1階のたんす部屋には健康器具が置かれている。

居間にて。休みの日は、お父さんが料理をつくることも多い。

9

和室や風呂・台所

古材が生きる和室

▲和室では座布団の上に座る。

　この家は中古住宅を買いとり、洋室だった部屋を和室にリフォームしました。

　和室の天井や居間の床などには、お父さんが古材店で集めた古材が使われています。古材店では、古い家が解体されて使われなくなったさまざまな資材が販売されています。古材が好きなお父さんは、旅行に行くたびに古材店をまわり、古材を買いもとめてきました。居間のテーブルの天板は、古材店で買った東南アジア産の木でできています。

◀日本の風呂では、浴槽にお湯をためて入る。浴室の壁や浴槽などの素材はヒノキ。

▼浴槽に入る前に、おけでお湯を体にかけて洗ってから入る。

▲１階の和室にある仏壇。仏壇には、仏像や先祖の位はいを置く。

▲和室には「床の間」という一段高い場所があり、ここにかけ軸や生け花をかざる。かけ軸とは書や絵を布や紙にはったもの。

ここに注目！

日本の住宅とその変化

　日本の家は、昔から木でつくられてきました。部屋には畳がしかれ、間仕切りには障子が使われてきました。障子をとり外せば、さらに広い部屋として使うことができます。

　今では鉄筋コンクリートのマンションがふえ、障子や畳を使う家は以前よりも少なくなっています。

▲障子や畳がある昔ながらの日本家屋。

台所はカウンター式

お父さんがつくった料理を、カウンターごしに受けとる。

　台所と居間はつながっていて、カウンターで仕切られたカウンターキッチンです。

　日本の住宅は、以前は台所と居間が壁で仕切られているのが主流でしたが、最近はカウンターキッチンもふえています。お母さんは「料理をしながら、居間にいる家族と話ができるのが、カウンターキッチンのいいところです」と言っています。

台所で料理をするお母さん。それぞれの物が使いやすい場所に配置されている。

ペーパータオル
電子レンジ
炊飯器
ごみ箱
調味料入れ
コップ
野菜くずなどを入れるごみ袋

◀炊飯器でご飯をたく。ご飯をよそうしゃもじは立てて置けるタイプ。

◀ごみ箱は2つ。日本では燃えるごみと燃えないごみなど種類別にごみを分けて捨てることになっている。

子ども部屋と家族のきずな

中学受験にそなえて勉強中

居間のとなりには子ども部屋があります。この部屋で、京香さんとお兄さんはなかよく机をならべて勉強しています。京香さんの勉強机の上には、電気スタンドやさまざまな色のペン、お気に入りの小物、友達と撮った写真などがならべられています。京香さんは、勉強でわからないことがあると、お兄さんに教えてもらうこともあるそうです。

京香さんは今、私立中学校への入学をめざして受験勉強中です。学校が終わると塾に行き、塾がない日は家で勉強しています。家庭教師が家に来て勉強を教えてくれる日もあります。

子ども部屋のお兄さんと京香さん。

▲漢字の勉強。「漢字はたくさんあって、覚えるのがたいへん」。

▲机の上のえんぴつ立てには、いろいろなペンが入っている。

子どもたちの将来

子どもたちには、「いつもごきげんさん」な大人に育ってほしいと思っています。たとえば、友達どうしで集まるとき、「あの人がいないと、さみしい」と思われるような、いっしょにいて「ほっこり」する人ですね。そして心も体もすこやかに育ってほしいです。

お母さんのようになりたい

お父さんとお母さんは医師として働いています。お母さんは毎朝5時半に起き、朝食と家族のお弁当をつくります。朝8時半に仕事に出かけ、帰りは夜6時半くらいです。日曜は休みです。

京香さんは、結婚しても仕事を続けたいと思っています。お母さんが家事と仕事をじょうずに両立しながら、楽しそうに生活をしているすがたを見ているからです。

お母さんは、私によく仕事の話をしてくれます。

◀京香さんが保育園のときにかいたお母さんの似顔絵。優秀賞をとった思い出の作品。

京香さんの1日

京香さんは、毎日朝6時半に起きます。学校のある日は、顔を洗い、朝ご飯を食べてから、お母さんがつくってくれたお弁当を持って学校に行きます。給食はありません。

午後4〜5時ごろ学校から帰ると、塾のある日はすぐに塾に行きます。塾があるのは、火・木・土・日曜日です。塾のない日は家で勉強します。週1回、家庭教師がきて勉強を教えてくれます。日曜日は学校が休みですが、朝8時から夕方6時まで塾があります。

塾がない平日は、家族そろって夜7時半くらいに夕食を食べます。塾がある日は、夜9時半に1人で食べます。夜は11時くらいにねます。

◀学校のクラブで、リズムダンスを習っている。

京香さんの1週間						
	月	火	水	木	金	土	日
6:30	起床						
7:00	朝食・歯みがき・登校など						
8:00	学校						
9:00							
10:00							
11:00							
12:00							
1:00							塾
2:00							
3:00							
4:00						塾	
5:00	帰宅・塾の用意など						
6:00	家庭教師						
7:00		塾		塾			
8:00							
9:00							
10:00	家で勉強						
11:00	就寝						

ご飯とみそ汁が基本

ユネスコ無形文化遺産に登録された「和食」

日本の食事の基本は「一汁三菜」といい、ご飯と汁物1品、おかず3品を意味します。汁物の代表はだしやみそで味つけしたみそ汁です。おかずは、塩やぬかにつけた漬物や野菜の煮物、焼き魚などです。

食べるときは、はしを使います。食器は陶磁器が多く使われています。おわんなどは手に持って、ひじをつかないで食べるのがマナーです。ただし、焼き魚や刺身などが盛られている皿は持ちません。

調味料には、みそやしょうゆなどの「発酵調味料」がよく使われます。発酵とは、微生物のはたらきによって物質が変化することです。発酵によって、新たな香りや味わい、栄養がつくりだされます。

一汁三菜をはじめとする日本の家庭料理「和食」が、2013年にユネスコ無形文化遺産に登録されました。食材や料理、食べかた、マナーなどに伝統的な文化が見られるからです。海外でも、和食は健康によいと評価されています。

▼京香さんの家の夕食。お父さんは夕食時の晩酌を欠かさない。「私は日本酒と刺身があれば、ごきげんです」。

▲一汁三菜。向かって左手前にご飯、右手前に汁物、その間に漬物、奥におかずを置くのがきまり。

▲だしの材料。かつお節や昆布、小魚など。これらを煮だした汁がだしとなり、料理の味のベースとなる。

▲梅干しはウメの実の漬物。ほかの食べ物といっしょに入れておくと、食べ物がいたみにくくなるという作用もある。

ここに注目！

日本の米の特徴

　ふだん日本人が食べる米の品種は「ジャポニカ米」です。ねばりけが強く、そのまま食べてもおいしいので、おかずや汁物とは別に食べる日本的な食事が生まれました。いっぽう、世界で多く食べられているのは「インディカ米」という品種です。これはねばりけが弱くて細長いお米で、いためたり汁に入れたりするのに適しています。

▲ご飯は茶わんに盛って食べる。

大豆からつくられる食品

▲豆腐。ゆでた大豆をしぼってとれる豆乳に、にがりを加えてつくる。

▲みそ。大豆と麹、塩をまぜて発酵させたもの。

▲油揚げ。豆腐を油で揚げたもの。

▲納豆。大豆を納豆菌によって発酵させてつくる。

米からつくられる食品

▲せんべい。米粉をねり、平らにして焼いたもの。

▲だんご。米粉をこねて丸め、加熱したもの。

◀日本酒。米に麹を加えて発酵させたもの。

▶発酵調味料。もち米、米麹、アルコールでつくる。味にあまみを足すとともに料理につやをつける。

生食も洋食も好きな日本人

生で食べるのが日本食の特徴

日本の調理法は生、蒸す、煮るなど、素材の味を生かすものが多く、とくに生のものをよく食べます。生食の代表が寿司です。酢、砂糖、塩などで味つけしたご飯（酢飯）と、生の魚や貝などを組み合わせた料理です。にぎった酢飯の上に新鮮な生の魚をのせた「にぎり寿司」のほか、ちらし寿司、巻き寿司などもあります。また、生の魚介類などを切っただけの料理である刺身も、よく食べられています。

家庭でよく食べられている生食料理には生卵があります。生卵をご飯にかけて食べたり、すき焼きの具材を生卵にくぐらせて食べたりします。

▼旅館などでの食事には、生食の料理がよく提供される。

小鉢料理
日本料理の前菜。いろいろな料理を少しずつ美しく盛ったもの。

酢の物
野菜や魚介類を酢であえた料理。

ゆでぶた肉
右下の「ゴマだれ」をかけて食べる。ゴマだれはゴマをすりつぶし、しょうゆやみりん、砂糖などで味つけしたたれ。

刺身
魚や貝、エビの刺身。刺身にはしばしばワサビをつけて食べる。

しょうゆ
刺身につける。

イカの塩辛
イカの身を、その内臓といっしょに塩漬けにして発酵させた、日本に古くから伝わる保存食。

わりばし　スギやマツなどの木からつくった白木のはし。途中まで割れ目を入れてあり、2本に割って使う。食堂や旅館などで出されることが多い。

生食の例

◀馬刺し。うすく切った生の馬肉に生卵をまぜて食べる。

◀さまざまな種類の貝の刺身。生の海藻がそえられている。

◀「タイ」という魚の刺身。

◀タラコ。「スケトウダラ」という魚の卵。

▲寿司。中にはワサビが入っている。

洋食もよく食べられる

　ハンバーグやサラダ、カレーライスなどの洋食も人気のある家庭料理です。これらは明治時代以降に入ってきた外国の料理ですが、日本人の口に合うようにくふうされました。外食では、イタリアンやフレンチ、中華など世界各国の料理を出す店もたくさんあります。

　お菓子はケーキやクッキーなど洋風のもの以外に、ようかん、どらやき、だんごなど日本の伝統的なものもたくさんあります。

　代表的な飲み物は緑茶ですが、コーヒーや紅茶もよく飲まれています。酒は、日本酒のほかにビールやワイン、ウィスキーなどがあります。

▲コロッケ。つぶしたジャガイモにひき肉などをまぜて、パン粉をつけて揚げたもの。

▲カレーライス。もともとインドを発祥とするが、日本国内で独自に発展し、定着した料理。

▲野菜サラダ。生の野菜にドレッシングをかけて食べる。

▲ギョウザ。ぶた肉やひき肉を小麦粉をうすくのばした皮に包んだ中国料理。

▲ハンバーグ。ひき肉にパン粉・タマネギなどをまぜてフライパンで焼いたドイツ発祥の肉料理。

▲とりのから揚げ。とり肉に衣をつけて油で揚げたもの。

▲たいやきは、型に生地を流しこんでつくる。

▶たいやき。中には、小豆をあまく煮こんだあんこが入っている。

◀柿の種は、からい味つけがされた小さなせんべい。塩味のきいたピーナツと組みあわせて食べる。

▲日本には国産のウィスキーもある。

▼おもに米を原料にした「泡盛」という酒。

▲緑茶。紅茶と同じ茶葉からつくられるが、紅茶とちがって発酵はさせない。

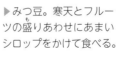
▶みつ豆。寒天とフルーツの盛りあわせにあまいシロップをかけて食べる。

◀どらやき。小麦粉や卵でつくった生地であんこをはさんだお菓子。

都市の交通事情

◀東京駅と秋田駅を結ぶ新幹線。通称、秋田新幹線とよばれる。

▲旅だつ人で混雑する新幹線のホーム。（東京都千代田区）

▲目が不自由な人を誘導する駅の係員。（東京都新宿区）

▲電車内には車いす用のスペースがある。（東京都新宿区）

都市部ではバスや鉄道などの交通網が発達

　日本の首都・東京は、東京湾に面した平地にある都市です。人口は約1400万人で、日本の政治と経済の中心です。日本の全人口の10％以上が東京にくらしています。

　日本は鉄道が発達している国で、とくに東京や大阪などの都市部では、鉄道が網の目のようにしかれています。時速約300kmで走る新幹線

高層ビルがたちならぶ東京都の中心部。複数の鉄道や地下鉄の路線が網の目のように走っている。左に見えるのが東京タワー。

▲羽田空港の出発ロビー。日本国内のほか、世界各地に飛行機の便が出ている。（東京都大田区）

▲一部の都市にはモノレールが走っている。（東京都立川市）

▲都市部ではバスがくまなく走っている。（東京都立川市）

▲駅の前にはタクシー乗り場があり、空車が待機している。（東京都千代田区）

が、東京～新大阪間で平均5分間に1本走っています。

　東京には、広大な海をうめたててつくられた羽田空港があります。ここから日本の各都市へ飛行機が発着しています。

　都市部では、交通網がひじょうに発達していますが、地方の山間部や農村部などでは、バスや鉄道の便が限られており、交通手段は自家用車に頼らざるをえないのが実情です。それが過疎化の一因にもなっています。

食品の流通と健康・医療

▲スーパーマーケット。広い店内に果物や野菜、冷凍食品などはば広い食料品がならんでいる。(東京都福生市)

◀スーパーに売られているカラーピーマン。

◀魚は鮮度を保つため、氷水に入れて売られている。

■ スーパーやコンビニ

日本では多くの人がスーパーマーケットで食料品を買います。1つの店に肉や野菜など何でもそろっていて便利だからです。またコンビニエンスストアが日本全国にあり、そこで食料品を買う人もいます。

郊外では、大型のスーパーマーケットやショッピングモールが次つぎにできて、食料品や衣料品を買いもとめる人びとでにぎわっています。「道の駅」とよばれる施設もふえています。道の駅は、おもに長距離ドライバーの休けい施設ですが、地方の特産品や農産物なども売られています。いっぽうで都市部には、昔ながらの商店街がまだ残っています。

▲ドラッグストア。薬から日用品、食料品までそろっている。(鹿児島県枕崎市)

▲道の駅。近隣の農家でつくられた野菜が売られている。(鹿児島県日置市)

▼ハツカダイコン。地方の道の駅では、めずらしい野菜を見ることも多い。

▲パン屋さん。この店では食品添加物を使わずにパンをつくっている。(東京都福生市)

▲犬をかたどったパン。

▲都市部の商店街。親子づれでにぎわっている。(東京都調布市)

▲商店街にある精肉店。コロッケやメンチカツなどの惣菜も売られている。(東京都福生市)

▲この銭湯では薪を燃やして湯をわかしている。（東京都立川市）

銭湯の壁のペンキ絵は、富士山が定番のモチーフ。

▶銭湯のえんとつ。

◀健康によいとされる柿の葉エキス入りの薬湯（手前）とジェットバス（奥）。

▲お風呂に入ったあとはマッサージチェアでリラックス。

▲脱衣所に置かれた体重計。

地域の健康と医療

　住宅街には銭湯という公衆浴場があります。銭湯のなかには薬湯やサウナをとりいれているところもあります。

　日本は国民皆保険制度が整っていて、だれでも大きな金銭的負担を負わずに医療を受けることができます。

▲▼美容院。お客さんは店内にある雑誌を読んだり美容師とおしゃべりしたりしてすごす。この店では、子どもの遊び場を設けている。

▲病院の待合室で診察の順番を待つ人たち。（東京都福生市）

▲男性専用の美容院では、ひげそりなどもおこなう。

公立小学校をたずねて

学校の玄関。ここでくつを上ばきにはきかえる。

歴史ある公立小学校

　埼玉県日高市にある公立の高萩小学校を訪れました。開校から130年以上の歴史をもつ学校です。日高市は埼玉県中南部に位置し、東京から約40kmはなれた場所にあります。

　高萩小学校では、623人の子どもたちが学んでいます。全部で6学年で、1学年ごとに3クラスまたは4クラスあります。

休み時間に校庭で遊ぶ子どもたち。

動画が見られる！

インタビュー

かしこく・やさしく・たくましく

　私は高萩小学校校長の半田貞晴です。この学校では「かしこく、やさしく、たくましく」を教育目標にしています。この学校で学んだ子どもたちには、話を静かにきくことができ、元気にあいさつをかわすことができ、何事にもねばり強く取り組むことができる子になってほしいと思います。6年生にもなると、ろうかでは静かに歩いてあいさつをし、授業もしっかりときくことができます。下級生たちには、そんな6年生を見ならって行動するように伝えています。

▲体育の授業時間に、校庭でバスケットボールの練習をする子どもたち。

日本の学校制度＊		入学年齢のめやす
就学前教育	幼稚園	3歳または4歳
初等教育	小学校	6歳
中等教育	中学校	12歳
高等教育	高等学校	15歳
	大学	18歳
	大学院	22歳

＊日本では小学校と中学校の9年間が義務教育。高等学校は3年間、大学は4年間で、短期大学は2〜3年間。

近所の子と歩いて登下校

　朝8時をすぎると、子どもたちが近所の子とつれだって登校しはじめます。この学校では子どもたちだけで歩いて登下校します。8時20分になると、朝会や朝授業が始まります。

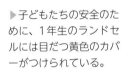

▶子どもたちの安全のために、1年生のランドセルには目だつ黄色のカバーがつけられている。

ここに注目！

ランドセルで通学

▲日本の多くの小学生はランドセルに教科書やノートを入れて通学する。

　ランドセルは日本だけで使われている小学生の通学用かばんです。人工または天然の革でじょうぶにつくられていて、色は赤や黒、ピンクや水色などが定番。日本では教科書やノートを家に持ち帰る子どもが多いため、それらがたくさん入るつくりになっています。

▲学校の正門から見た校舎。制服はなく、自由な服装で登校する。

▲家が近所の子と、いっしょに登下校する。

小学6年生の授業

社会科の授業風景。（日高市立高萩小学校）

動画が見られる！

授業と教室のようす

　学校の授業は8時45分から始まります。授業の1校時は45分で、6年生は1日に5校時か6校時あります。教科は国語や外国語（英語）、算数、理科、社会、体育などがあります。間に給食とそうじを入れて、午後4時くらいに終わります。

　日本の小学校の教室には、児童ひとりひとりに1つの机があるのが一般的です。机はたて横きれいに整頓してならべられ、全員が黒板と先生のほうを向いて座ります。また、自分の座る席は決まっています。

　この学校では、算数、理科、社会、外国語などの授業で、教科書の内容に対応した映像資料

▲黒板に、この日の学習課題を書いて子どもたちに問いかける先生。子どもたちがみずから考え、課題や問題を解決する力を身につけることが重視されている。

を使っています。教室の前方に置かれたテレビモニターに映像が映しだされ、子どもたちが授業内容の理解を深める助けとなっています。

校時	時間	月曜日	火曜日	水曜日	木曜日	金曜日	土曜日*
				6年生の時間割			
朝	8:20- 8:35	朝授業	朝会	(朝自習)	朝授業	読書	朝会
1校時	8:45- 9:30	総合	図工	家庭科・総合	理科	体育・国語	国語
2校時	9:40-10:25	国語	図工・国語	家庭科	理科	道徳	算数
3校時	10:45-11:30	社会	算数	算数	算数	理科	総合
4校時	11:40-12:25	算数	体育	社会	体育	社会	下校(11:45)
	12:25- 1:10			給　食			
	1:15- 1:30			そ う じ			
5校時	1:55- 2:40	書写	外国語・算数	国語	外国語	音楽	
6校時	2:50- 3:35		音楽・国語	学活	クラブ・委員会		

*日高市では月1回、土曜授業日を設けている。

▲授業では、子どもたちが自分の力で答えを見つけられるよう、先生がひとりひとりの机をまわって助言する。

▲教科書や資料集を使って調べ、答えを考える。

▲ノートに書いた自分の答えを、みんなの前で発表する。

ここに注目!

日本語の文字は3種類

　日本語の文字は、世界でもめずらしく漢字とひらがな、カタカナの3種類があり、これらを組みあわせて文章を書きます。漢字は何千という数があり、なかにはとても難しいものがあります。日本の子どもたちは小学校に入ったころから漢字を少しずつ習っていきます。カタカナはおもに外来語を書き記すためのもので、ひらがなとカタカナは46文字ずつあります。

▶横書きの場合は、左から右に文字を書く。

▲教室のうしろの棚にランドセルやバッグをそろえてしまう。

昼の給食や学校行事

◀給食は楽しい時間。給食のときは、授業中に一列にならべられていた机をグループごとに島をつくるようにならべかえる。この日の給食は、イカのソテーと揚げだし豆腐の中華あんかけ、ご飯と牛乳。

▲当番の子どもがみんなの給食を盛りつけする。

子どもたちで給食の盛りつけ

　日本の多くの公立小学校では、昼食に給食を出します。高萩小学校では、4校時目の授業が終わると昼食の時間です。その週の当番の子どもたちが、クラス全員のために盛りつけをします。全員に均等に分けたあと、ご飯やおかずを少なくしたい子や、逆にもっとたくさんほしい子は、自分で調節します。

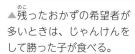

▲残ったおかずの希望者が多いときは、じゃんけんをして勝った子が食べる。

学校の1日のなかで給食の時間がいちばん楽しみ。

◀食べる前に手をあわせて「いただきます！」と言う。

季節にあわせた学校行事

　多くの学校では、季節にちなんだいろいろな行事がおこなわれます。新しい年が明けると、まず書きぞめをします。書きぞめとは、新年に筆と墨でおめでたい言葉や、1年の抱負や目標を書くことです。3月のひな祭りの日が近づくと、学校にひな人形をかざります。そのほかにも遠足や運動会などの行事があります。

▲この学校では、ひな祭りが近づくと、校内にひな人形がかざられる。ひな祭りは、女の子の成長と幸せを願って祝う行事で、ひな人形やモモの花をかざって祝う。

▲学校の体育館で書きぞめをおこなう。

▲校庭で運動会の練習をする6年生の児童たち。

動画が見られる！

雪国の小学校の学校行事

　石川県白山市にある白峰小学校では、「雪だるままつり」（→ 37ページ）の日に合わせて、学校の近くで雪だるまをつくります。白峰小学校は、とても雪深い場所にあります。全校児童が21人という小さな小学校です。

　全校児童が4つの班に分かれて雪だるまをつくり、どの班がもっともおもしろい雪だるまをつくることができるかを競います。

▲この班のテーマは「いのしし大家族」。

▲それぞれ自分の好きなキャラクターをモチーフにつくる。

▲雪だるまの頭の上にかざりの木の実をのせる。

▲雪でつくったすべり台の上をすべって遊ぶ児童。

子どもの遊び

外の遊びや伝統的な遊び

川に入って川エビをとって遊ぶ子どもたち。
（鹿児島県奄美市）

つり橋の上は歩くとゆらゆらするから、少しこわい。

自然のなかでの遊び

　日本では質の高いゲームが開発されているため、室内でゲームをして遊ぶ子どもがたくさんいます。しかし休みの日や放課後の公園では、おおぜいの子どもたちが元気に遊んでいます。男の子たちはバッタやセミなどの虫とりに夢中になります。なわとびはとくに女の子に人気があります。雪の多い地方では、子どもたちは雪だるまをつくったり、雪の上をすべったりして遊びます。

▼公園で虫とりに夢中になる子どもたち。（東京都立川市）

あ、いたいた！逃がすなよ。

風が顔にあたって気もちいいよ。

二重とびもできるようになったよ。

つまずかないように、気をつけなきゃ。

▲ブランコ。いきいきした顔が楽しそう！

いくよ。うまく受けとってね！

▲寺の境内も子どもたちの遊び場。

どんな雪だるまをつくろうかな。

▼校庭に積もった雪の上ですべって遊ぶ。

伝統的な遊び

　最近では囲碁や将棋などの伝統的な遊びも人気が高まっています。囲碁も将棋も2人で対戦するゲームです。

　囲碁は白と黒の碁石を使い、目のある碁盤の上で陣地を取りあいます。将棋は相手の王将を早く取ったほうが勝ちになります。囲碁や将棋の道場はお年寄りや子どもたちでにぎわっていて、教室に通う子どももたくさんいます。

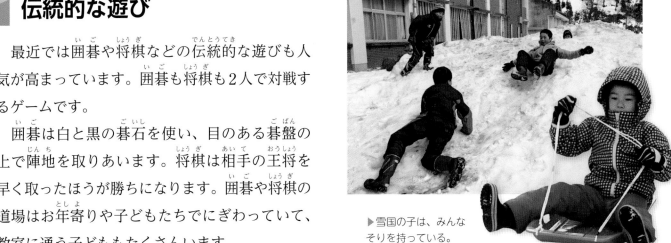

▶雪国の子は、みんなそりを持っている。

▲囲碁。自分の石で相手の石を囲めば、相手の石を取ることができる。

▲将棋は9×9のマス目の上で、8種類の駒を使って対戦するゲーム。

▲それぞれの駒には、動かしかたにきまりがある。相手から取った駒は、好きなところに置ける。

休日の娯楽と国技や武道

スポーツ・娯楽

▲休日の公園で、お父さんと子どものツーショット写真を撮るお母さん。（鹿児島県枕崎市）

▲公園で家族みんなでインラインスケートを楽しむ。（東京都立川市）

子どもは自然のなかでお茶を飲んだりご飯を食べたりするのが大好きです。

▲公園にテントをはってピクニックをする家族。（東京都立川市）

屋内・屋外の娯楽

　ほかの多くの国がそうであるように日本でも、一般的に土曜日と日曜日が休日です。休日には家族そろって公園や遊園地、水族館などに出かけます。川ぞいや公園など自然がある場所で、ピクニックやバーベキューをして楽しむこともさかんです。

▲ボウリングは大人から子どもまで楽しめるスポーツ。（埼玉県飯能市）

▲大きなサメがゆうゆうと泳ぐ水族館の大水槽。（沖縄県国頭郡）

動画が見られる！

▲土俵の中で向き合い、地面に手をついてから取組（試合）を始める。（東京都羽村市）

はっきよーい、のこった！

勝負あり！

▲剣道は、武士の剣術をもとにした武道。（埼玉県日高市）

▲稽古の始まりと終わりには、必ず正座をして礼をする。（埼玉県日高市）

国技や新しいスポーツ

　日本の国技は相撲です。2人の力士が、土俵とよばれる円の中で戦います。相手を土俵の外に出すか、土俵の中でたおせば勝ちです。

　そのほか日本の伝統的なスポーツには、剣道や柔道などの武道があります。武道では礼が重んじられていて、試合の前とあとにおじぎをし、相手に感謝の気もちを表します。

　新しいスポーツとして最近注目されているのが、フリースタイルフットボールです。これはサッカーボールを使っていろいろなパフォーマンスをおこなうスポーツで、1人でもできる手軽さから人気を集めています。

▲休日に公園でサッカーを楽しむ若者たち。（東京都立川市）

世界大会で優勝した日本人もいますよ。

夢中になれるスポーツです。

動画が見られる！

▲放課後にフリースタイルフットボールの練習をする高校生。（東京都立川市）

31

正月などの年中行事

正月は1年の始まりを祝う行事

　本来、正月とは1年の最初の月（1月）のことですが、現在は1月1日から7日までのこととされています。

　日本には、新しい年の神さま（年神さま）が家いえに降りてきて、その年の豊作や幸福をさずけるという言いつたえがあります。正月は、その神さまをむかえるための儀式です。

　正月には、仕事や勉強のために故郷をはなれて生活している人も、故郷に帰って家族そろって新年を祝います。かつてはどの家庭も家をきれいにかざりつけたものです。そして今も神社に出かけて1年の無事をお祈りし（初詣）、おせち料理や雑煮を食べて祝います。

正月には寺や神社に初詣をする人たちの長い行列ができる。（群馬県太田市）

▲おみくじは木などに結ぶと、神さまとよりよいご縁があると信じられている。

▲さいせん箱にお金（さいせん）を投げいれ、おじぎをしてから手をあわせてお祈りをする。

▲しめかざり。正月に門や玄関などにかざる。そこが神聖で、神さまをむかえるのにふさわしい場所であることを示すもの。

▲正月かざりのひとつである門松。年神さまが迷わず降りてこられるようにする目印として、玄関や門の外に置く。

▲正月を祝うごちそう「おせち料理」。もともとは神さまへのお供え物として始まり、それをみんなでいただいて幸福を祈るという意味がある。

〈3月3日〉ひな祭り

女の子のすこやかな成長を願う行事。「桃の節句」ともよばれ、ひな人形やモモの花、サクラの花などをかざります。ひな人形は、3月3日の1週間から2週間前の吉日にかざりつけるのがよいとされています。

日本のおもな行事	
月日	行事名
1月1日	元旦
2月3日	節分
3月3日	ひな祭り
5月5日	端午の節句
7月7日	七夕
8月13〜16日ごろ	盆
12月25日	クリスマス
12月31日	大晦日

〈5月5日〉端午の節句

3月3日のひな祭りは女の子の節句ですが、端午の節句は男の子の節句です。節句とは季節の変わり目のことです。空にこいのぼりを泳がせたり、家の中に武者人形をかざったりします。男の子が強くたくましく育つようにという願いがこめられています。

〈7月7日〉七夕

願いごとを書いた短冊をササにつるして、それがかなうようにお祈りします。七夕にちなんだ祭りが全国でおこなわれ、はなやかな七夕かざりがまちをいろどります。旧暦の7月7日にあわせて、8月上旬におこなうこともあります。

〈8月〉盆と夏祭り

盆は、先祖の霊をむかえてまつる仏教の行事です。その先祖の霊をなぐさめるために、各地で祭りがおこなわれます。暑い夏は昔から病気などが流行するために災いの季節とされています。その災いをふきとばすために夏祭りや盆の祭りがおこなわれてきました。

〈12月25日〉クリスマス

クリスマスは、イエス・キリストの誕生を祝う日です。この日はモミの木をかざったり、プレゼントを用意したりします。日本で最初にクリスマスをおこなったのは、16世紀に来日した外国人宣教師だといわれています。

結婚式と葬式

▶結婚式での記念撮影。新郎・新婦とそれぞれの両親がならぶ。新婦は白無垢、新郎は紋付袴、母親は黒留袖、父親はモーニングを着ている。

◀神前式の挙式。神さまの前で結婚の報告をして夫婦の結びつきをちかい、3つのさかずきについだ酒を新郎・新婦で交互に、3回に分けて飲む。3や9などの奇数が縁起がよいとされる中国の古くからの考えに由来しているといわれる。

結婚式は挙式と披露宴

日本の結婚式は、挙式と披露宴（パーティー）をおこなうのが一般的です。挙式は永遠の愛をちかいあう儀式です。

何にちかいを立てるかにより、神前式、キリスト教式、仏前式、人前式などに分かれます。神前式は日本の伝統的な挙式スタイルで、神社や会場内の神殿で神に結婚をちかいます。ただし、現在では神前式よりも、キリスト教式でおこなう人たちが多くなっています。

挙式のあと、披露宴が開かれます。披露宴ではケーキ入刀やお色直し、キャンドルサービスや両親への花束贈呈などのイベントがおこなわれます。お色直しとは、とちゅうで新婦と新郎が衣装を着がえることです。

▲披露宴での色打掛すがたの新婦。この披露宴では白無垢から色打掛、ウェディングドレスと2回お色直しをした（→35ページ）。

▲各テーブルをまわってキャンドルサービスをおこなう新郎・新婦。お色直しで再入場するさいにおこなうことが多い。

▲両親への花束贈呈。新郎から新婦の父親へ、新婦から新郎の母親へ花束をわたす。

▲最後に両家の代表が招待客に出席のお礼を述べる。ふつうは新郎の父親が代表してあいさつする。

通夜・葬儀・告別式

日本の一般的な仏教式の葬式は通夜、葬儀、告別式の順におこなわれます。通夜は故人と親しかった人たちが別れを惜しみ、最後の夜をすごす儀式です。葬儀は故人をあの世へ送りだす宗教儀礼、告別式は故人とゆかりのあった人が別れを告げる儀式です。最近では葬儀と告別式をあわせて葬式といい、いっしょにおこなわれることが多くなっています。

▲告別式。手前にあるのが焼香台、奥が遺影。葬式ではお坊さんがお経を読み、出席者は焼香する。焼香は、お香をたいて霊前を清める儀式。

▶告別式では祭壇に故人の棺と遺影がかざられる。

ここに注目！

日本の女性の伝統衣装

白無垢

◀日本古来のもっとも格式の高い礼装。帯、小物など身につけるものをすべて白で統一する。挙式と披露宴の両方で着用する。

振袖

▶おもに未婚女性が着るもの。成人式や卒業式などで着用する。

色打掛

▶おもに神前式の挙式で着る衣装で、白無垢についで格式の高い礼装。挙式は白無垢で、披露宴は色打掛でおこなう場合が多い。

黒留袖

▶既婚女性の正装。親族の結婚式や正式な儀式・式典などで着用する。

浴衣

▲木綿でつくった着物の一種。もともとは外出着ではなく、夏の家庭の服装だった。現在では、花火大会や夏祭りなどで着られている。

雪深い地方のくらし

▲大きなシャベルで屋根に積もった雪を下ろす。（石川県白山市）

▲ブルドーザーで道路の除雪をおこなう。

▲雪下ろしには大きなシャベルが使われる。

▲家の前に積もった雪を流雪溝に流す。地下水は冬でも8〜14℃くらいのあたたかさがあるため、凍ることがない。

冬の雪下ろしや雪かき

　日本の北海道や本州の日本海側では、冬にたくさんの雪が降ります。とくに東北地方から中部地方にかけての日本海側は、世界でも有数の豪雪地帯です。多い年には3mくらいの積雪があります。

　雪国では、雪の重さで家がつぶれてしまう心配があるため、ひと冬に何度も雪下ろしをしなければなりません。また、家の前を除雪する作業も必要です。雪が多いときでひと晩に50cmくらい積もることがあり、除雪しないと外出することができないからです。

▲雪の重みで木が折れないよう、木に囲いをする。

▲東北地方の家の雪囲い。家がこわれるのを防止したり、凍結を防止したりする役割がある。

▼雪の中を登校するお兄さんと妹。

夜の「雪だるままつり」

石川県の白山のふもとにある白山市白峰・桑島地区は、日本有数の豪雪地帯です。ここでは毎年2月上旬に「雪だるままつり」が開かれます。

各家庭で、家の前に思い思いの雪だるまをつくります。夜には雪だるまの中にろうそくが灯され、あたりは幻想的な雰囲気に包まれます。

▲雪が降るなかで、雪だるまをつくる。

▶自分でつくった雪だるまに、ろうそくの火をかざる。

▼各家庭でつくる雪だるまは、毎年ちがう。雪だるまを見ると、その家の人の性格がわかるという。

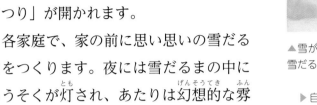

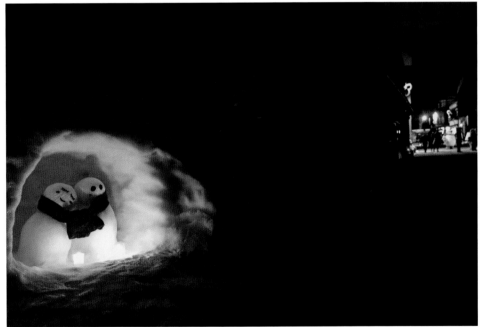

▲キャラクターの自動販売機をかたどったものもある。

▲「雪だるままつり」には、毎年おおぜいの人が訪れる。

▲子どもたちに人気のキャラクターたちをかたどった雪だるま。

あたたかい地方のくらし

サトウキビの収穫。これまではかりとりは手作業でおこなわれていたが、最近では大型の機械が使われるようになった。(沖縄県那覇市)

息子はまちで公務員をしています。

◀サトウキビには竹のような節がある。

■ 南国の農産物と台風への対策

　九州の南端から台湾の近くにある沖縄県までを南西諸島といいます。この地方は1年を通してあたたかく、もっとも寒い1月でも平均気温が16℃以上あります。

　ここではあたたかい気候に適したサトウキビの栽培がさかんで、昔も今もこの地方の農業の中心です。かりとったサトウキビを製糖工場へ運び、細かくくだいて汁をしぼったら、それを煮つめて黒糖をつくります。

　パイナップルやマンゴー、ドラゴンフルーツなどさまざまな熱帯の果物も栽培されています。また、ガジュマル、ソテツなど亜熱帯地方でしか育たない樹木がしげっています。

　この地方は、赤道近くの太平洋上空で発生する台風に毎年のようにおそわれます。台風の多くは南西諸島やその付近を通ってから、九州や本州へ進むのです。そのため、この地方の家は台風に備えたつくりになっています。ガジュマルなどの大木は、防風林としても利用されてきました。

▲家屋は、台風に備えて石灰岩の石垣で高く囲まれている。(沖縄県八重山郡竹富町)

▲海辺で貝がらを拾って遊ぶ親子。(沖縄県石垣市)

◀屋根の上にはシーサーが置かれている。シーサーは沖縄県などに見られる伝説の獣像で、悪霊を追いはらうと信じられている。

◀家の門の上などにかざられた貝がら。左の6本の突起がある貝はスイジガイで、魔よけとして使われている。

▲海藻である「もずく」は、この地方の特産品。

◀市場には、この地方にしか見られない熱帯魚がならぶ。魚にはミーバイやイラブチャーなど、沖縄独特の名前がついている。(沖縄県那覇市)

▲沖縄県ではブタは頭からあしの先、内臓まであますことなく食べる。頭の皮は煮つけたりいためたりして食べる。(沖縄県那覇市)

◀奄美大島で売られているパイナップル。(鹿児島県奄美市)

伝統的な産業をたずねて

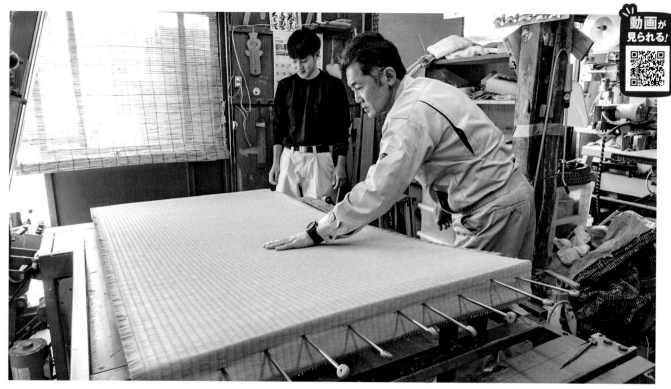

動画が
見られる！

▲イグサで編んだござを、わら床にはりつける。（東京都福生市）

新しい畳に喜ぶお客
さまの顔を見るのが
うれしいです！

親子で仕事を
しています。

世界で畳をつくるのは日本だけ

　畳はイネから米をとったあとの「わら」からつくられます。わらでつくられた「わら床」に、イグサでつくられた「ござ」をはったものが畳です。米は世界各国で食べられていますが、畳をつくるのは日本だけです。

　畳は一つ一つ手作業でつくられます。かつて大工が建てていた日本の家は、住宅メーカーでつくることも多くなりましたが、それでも均一的な寸法の部屋をつくることは不可能です。そのため畳職人が部屋の寸法をはかり、それに合うように畳をつくります。同じ部屋に入れる畳でも微妙に形や大きさがちがい、大量生産ができないからです。

　近年は畳の素材をつくる人がへったため、材料や道具が手に入りにくくなっています。畳に使うわらは天日で干す必要がありますが、今は脱穀して乾燥機にかけることが多くなりました。イグサを栽培する地域も減少し、今ではほぼ熊本県の八代市のみとなっています。

畳1枚の重さは30kgくらいある。

▲イグサの収穫。

▼部屋の寸法に合う畳をつくる
ための図面。

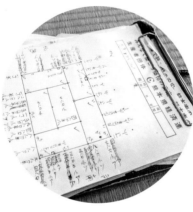

畳をとりかえる前。

畳をとりかえたあと。

①

②

③

④

⑤

▲❶古いござをとり外し、新しいござを広げ
る。❷ござに霧をふきかける。畳表が水を吸
うことで、あつかいやすくなる。❸イグサの
はしをぬいつける。❹ぬいつけた畳縁を表に
して、わら床になじませる。❺畳縁を太い針
と糸でぬいつける。

地域の交流の場「子ども食堂」

SDGsとくらし

▲民家を利用した子ども食堂「ほっこり食堂」（東京都八王子市）。ボランティアの男性（右）が、この日初めて食堂を訪れた母親（中央）の赤ちゃんをあやしている。母親は「子どもがいろいろな人とかかわれる場所があったらいいなあと思って、ここに来ました」と語る。

◀「ほっこり食堂」は2017年7月にスタート。今、八王子市では全部で20軒以上の子ども食堂がある。

▼「ほっこり食堂」でこの日出されたメニューはオムライス、具だくさんのみそ汁、ひじきと煮豆、大根とわかめの酢の物、デザート。子ども（高校生まで）は無料、大人は300円。

子ども食堂の活動

　日本は世界のなかでは経済的に豊かな国といわれますが、それでも家庭全体の収入が少ない「貧困」世帯は多くあります。そのような家庭の支援をするために、栄養バランスのとれたあたたかい食事を無料（または低料金）で提供する「子ども食堂」の取り組みが、近年全国で広がりつつあります。

　「子ども食堂」は、食事をじゅうぶんにとれない子どもだけではなく、両親とも仕事の帰りがおそい子どもや一人ぐらしの大人や高齢者など、どんな人でも訪れることができます。人と人とをつなぐ地域の交流の場にもなっているのです。

▶夕食のあとは、別室で絵本を読んだりゲームで遊んだりしてゆっくりすごす。右は子どもたちに勉強を教えるボランティアの大学生。「ほっこり食堂」は、食事だけでなく子どもたちが遊んだり親以外の大人とかかわれる場所も提供している。

▲配膳の手伝いをするボランティアの女子高校生。

▲赤ちゃんはたちまち食堂の人気者に。母親は「いつもは赤ちゃんを夕方6時にねかせて、それから上の子に夕食を食べさせるから、あまり落ちついて食事できません。ここに来て久しぶりにのんびり食事を楽しむことができました」と語った。

▲食事に来た人は、自宅で使わなくなった子どもの服や靴、ぬいぐるみを持ってきて、かわりに食堂に提供された物の中でほしいものを持ち帰る。子ども食堂を舞台に物が人を介して行き来する共生の場が生まれている。

インタビュー

人とつながれる場所にしたい

大矢久美子さん [ほっこり食堂代表]

「貧困」には経済的なものばかりでなく、人間関係のとぼしさやつながりの希薄さもあると思います。今は働くお母さんたちもいそがしく、行政の親子支援もまだまだじゅうぶんとはいえません。だれもが子どもたちにゆっくり愛情をこめてかかわれなくなっています。

そんななかで、子どもたちはつながりを求めています。ここで子どもたちがたくさんの人たちと分け合って食べる経験をすることで、人とつながる力をつけていってほしい。どんな家庭の子どもでも、年齢をとわず集まれる場にしたいと思っています。

日本と海外とのつながり

▲群馬県邑楽郡大泉町では、国際交流の場として、2010年から「活きな世界のグルメ横丁」というイベントを開催している。イベントでは、ブラジル人ダンサーによるサンバも披露される。写真は、そのイベントでサンバを踊る日系ブラジル人ダンサー。

◀約10か国の料理の屋台が出る。

ネパールから来ました。大泉町はとてもくらしやすいです。

世界のいろいろな料理が食べられるのが楽しみで、毎回来ています。

多くの外国人がくらすまち

　日本には外国人が多くくらすまちが各地にあります。ブラジルタウンとよばれる群馬県邑楽郡大泉町は、日系ブラジル人が多くくらしています。彼らは20世紀初頭に移民としてブラジルにわたった日本人の子孫です。

　このまちには、戦前は飛行機工場が、戦後は機械の組みたて工場が多く集まっていました。やがて日本経済が急激に成長し、都市部で第3次産業に従事する人がふえたため、工場の人手不足が深刻になり、多くの日系ブラジル人が工場で働くようになったのです。最近はネパールやベトナムなどアジア系外国人もふえ、大泉町の人口の約18％が外国人となっています。

◀群馬県邑楽郡大泉町にあるスーパーマーケットの肉売り場。ブラジル料理は肉を多く使うため、たくさんの肉がならぶ。

▶群馬県太田市にある南アジアの食材をあつかう店。

▲群馬県太田市のビルを改装してつくられたモスク（イスラム教寺院、左）。太田市にはパキスタンなどからのイスラム教徒も多くくらしている。

日本を訪れる外国人の増加

　日本を訪れる外国人で、近年とくにふえているのが、インドネシアやマレーシアなどアジアのイスラム教国からの旅行者です。そのため最近では、礼拝場所を設置する公共施設もふえています。

▲東京を訪れるイスラム教徒の外国人もふえている。

▲六本木の東京ミッドタウンの中にあるイスラム教徒の礼拝スペース。

東京ジャーミイ（東京都渋谷区）は日本でもっとも大きなモスク。

◀東京ジャーミイでは、イフタール（断食明けの食事）が提供され、日本在住のイスラム教徒たちが集まる。

◀東京ジャーミイの内部。たくさんのイスラム教徒がここに集まり、礼拝をおこなう。

日本基本データ

正式国名

日本国（にっぽんこく）

首都

東京

▲東京の中央駅にあたる東京駅の周辺には高層ビルがたちならんでいる。

言語

国語は日本語。各地に方言がある。

民族

日本人が大半をしめるが、北海道に先住民族のアイヌがいるほか、韓国人、中国人、日系ブラジル人などがくらしている。

▲日系ブラジル人が多くくらす群馬県邑楽郡大泉町には、ブラジルの食材を売るスーパーマーケットがある。

宗教

おもな宗教は神道や仏教。そのほかキリスト教なども信仰されている。

通貨

通貨単位は円。紙幣は1000、2000、5000、1万円。硬貨は1、5、10、50、100、500円がある。

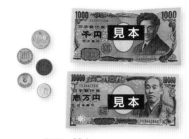

▲日本の紙幣と硬貨。

政治

議院内閣制。天皇は象徴的存在で、政治の実権は内閣総理大臣がにぎっている。国会は衆議院と参議院の2つの議院から構成されている。国会議員のなかから国会の議決で内閣総理大臣を指名する。

▲国会議事堂。国民から選ばれた国会議員が会議をおこなう場所。

情報

テレビは公共放送のNHKをはじめ127社。ラジオはAM放送局が47社、FM放送局が319社。おもな新聞は日本語の「朝日新聞」「読売新聞」「毎日新聞」など。（2019年）

▲日本のおもな新聞。

産業

農業では米、小麦、大豆などを産出している。水産業は世界有数の漁獲量をほこる。工業は技術革新によって世界のトップクラスに躍進し、輸出のうち工業製品（機械類や自動車など）が86%をしめている。

貿易

輸出総額 7382億ドル（2018年）
おもな輸出品は、機械類や自動車などの工業製品。おもな輸出先は、中国やアメリカなど。

輸入総額 7483億ドル（2018年）
おもな輸入品は、工業製品、原材料と燃料。おもな輸入先は、中国やアメリカなど。

軍事

防衛組織として自衛隊がある。24万7000人（陸上自衛隊15万1000人，海上自衛隊4万5000人、航空自衛隊4万7000人、その他4000人）。（2019年）

▲自衛隊員は災害時の救助や救援活動などにもあたる。

稲作のはじまりと天皇中心の国づくり

日本列島に人が住みはじめたのは約3万年前からと考えられている。1万数千年前ごろには木の実や貝を採集して食べていた。当時は地面に穴をほり、柱と屋根をつけた、たて穴住居にくらしていた。

紀元前3世紀ごろ、中国などからわたってきた人びとによって稲作が伝わった。そして集落が水田の近くにつくられるようになった。6世紀には中国から朝鮮半島を通じて仏教が伝わった。日本は中国の王朝に使者を送り、中国の進んだ文化を取り入れるようになった。

645年、「大化の改新」という政治改革により、天皇を中心とする国づくりが確立した。高い位の豪族は貴族とよばれた。豪族とは、ある地方で力をもつ一族のことである。710年には当時の中国にならった首都である平城京が奈良におかれた。その後、現在の京都に平安京が築かれた。

▲田植えを終えたばかりの水田。日本では弥生時代に水田での稲作が始まったと考えられている。

武家による支配と明治維新後の近代化

10世紀になると各地の豪族が武装して力をつけ、貴族をおびやかすようになった。1185年、武士の一族である源氏が、日本で最初の武家政権とされる幕府を鎌倉に築いた。以後700年、日本の政治は武士を中心に動いた。1467年「応仁の乱」（将軍足利義政の後継をめぐる争い）が起こり、これ以降、武力で領土を広げた武士は戦国大名となり、各地で勢力争いをくりひろげた。120年ほど続いたこの時代を戦国時代という。

戦国大名の1人であった豊臣秀吉が1590年に日本を統一した。戦国時代のあと、1603年に徳川家康が江戸幕府を開き、その支配が250年以上続いた。

1867年、江戸幕府は天皇を中心とする朝廷に政権を返す大政奉還をおこなった。これによって武家政権が日本を統治する時代は終わった。新しい政府はヨーロッパの国ぐにの制度にならった国づくりを進め、あらゆる分野で改革と近代化をなしとげた。これを「明治維新」という。1889年には大日本帝国憲法が発布され、天皇が国を統治することが定められた。

▲秋田県仙北市角館町に残る武家屋敷。角館町は江戸時代に栄えた城下町で、多くの武家屋敷が残っている。

敗戦後の復興から経済大国へ

明治政府は国の経済を豊かにして、軍備の増強に力を注ぐ「富国強兵」をおしすすめた。その結果、1894年に中国との間で日清戦争が、1904年にはロシア帝国との間で日露戦争が始まった。2つの戦争に勝利した日本は、台湾と朝鮮半島を植民地とした。

1932年に中国東北部に満州国をつくり、中国侵略を始めた。これに対して日本は国際連盟から非難を受け、脱退することとなった。1940年にドイツ、イタリアと日独伊三国同盟を結んだ。1941年、アメリカ合衆国オアフ島の真珠湾などを攻撃し、太平洋戦争が始まった。日本は東南アジアやオセアニアの島じまに侵出したが、1945年にアメリカ軍によって広島と長崎に原子爆弾が投下され、連合国軍に降伏した。1951年にサンフランシスコ平和条約に調印し、主権を回復。1956年、国際連合に加盟がみとめられた。

その後日本は経済成長を続け、1960年代後半にはアメリカについで世界第2位のGNP（国民総生産）をほこる経済大国へと成長した。しかし1990年代に入ると好景気が終わり、経済は低迷するようになった。また少子高齢化が進むなど多くの問題をかかえるようになった。2011年、マグニチュード9.0の大地震（東北地方太平洋沖地震）によって巨大津波が発生。地震と津波による原子力発電所の事故も起き、大きな被害を受けた。

さくいん

取材を終えて

常見藤代

　まだ肌寒さが残る3月下旬。家庭の取材で京香さんの家を訪れました。ご両親ともお医者さんと聞いていたので、ややこわばった気持ちで玄関の前に立ちました。

　ところがドアを開けた瞬間、その緊張は一気にゆるみました。玄関で出むかえてくださったのは、やさしそうなお母さんと作務衣すがたのお父さんだったからです。お医者さんと作務衣。そのギャップに言葉を失うとともに、張っていた肩の力がゆるゆるとほぐれていきました。

　その日の取材でもっとも印象に残ったのは、本文にも書きましたが、お子さんたちの将来についてお父さんが語った言葉です。「子どもたちにはいつも"ごきげんさん"の人間に育ってほしい」。

　いつも"ごきげんさん"でいられるためには、どうしたらいいのでしょう。その秘密はお父さんの作務衣すがたにあると思いました。好きなことをつらぬく。他人からなんと言われようと、自分が好きならばいい。好きなものを身につけ、好きなスタイルをつらぬいて生きることで、ごきげんな気分になる。そしてそれが周囲の人を幸せにするのです。

　お父さんは作務衣すがたで電車に乗ってしまうそうです。「だからちょっとはずかしい」と、京香さんは照れく

▲お父さんが魚をさばくのを楽しそうに見つめる京香さん。

さそうに話していましたが、お父さんは横でそれを聞きながら、ニコニコしています。

　私をふくめて日本人の多くは「他人からどう見られるか」を気にしすぎます。職場に作務衣すがたで行くのは問題があるかもしれませんが、電車に乗るくらいならだれに迷惑をかけているわけでもありません。迷惑をかけなければ、どんな生きかたをしてもいいし、TPOをわきまえれば、どんな服装をするのも自由です。みなさんもこれからの人生で、自分にとって居心地のいいスタイル、居心地のいい生きかたをぜひさがしてください。

● 監修
アルバロ・ダビド・エルナンデス・エルナンデス
（国際日本文化研究センター・プロジェクト研究員）

● 取材協力
日高市立高萩小学校／白山市立白峰小学校／ほっこり食堂
田中康典（マザー・ネイチャーズ）／安藤畳店／平井斉／大城みほ／
石埜美津子／森優子／Hair × Cafe KUMA／OOPARTS HAIR

● 参考文献
市川健夫『雪国の自然と暮らし』（小峰書店）
宮本常一『日本人の住まい』（農山漁村文化協会）
こどもくらぶ著・青木ゆり子監修『しらべよう！　世界の料理①　東アジア　日本　韓国　中国　モンゴル』（ポプラ社）
芳賀日出男『日本の祭り事典』（汐文社）
成美堂出版編集部・編集『早引き・図解　冠婚葬祭とマナー大事典』（成美堂出版）
馬場まみ・監修『着物の大研究』（PHP研究所）
西村幸夫・監修『世界に誇る　日本の世界遺産』（ポプラ社）
『データブック　オブ・ザ・ワールド2020』（二宮書店）

● 地図：株式会社平凡社地図出版
● 校正：株式会社鴎来堂
● デザイン：株式会社クラップス（佐藤かおり、神田真里菜）

現地取材！　世界のくらし1

日本

発行　　　2020年4月　第1刷

文・写真　：常見藤代（つねみ　ふじよ）
監修　　　：アルバロ・ダビド・エルナンデス・エルナンデス
発行者　　：千葉均
編集　　　：原田哲郎
発行所　　：株式会社ポプラ社
〒102-8519　東京都千代田区麹町4-2-6
電話：（営業）03-5877-8109
　　　（編集）03-5877-8113
ホームページ：www.poplar.co.jp
印刷・製本：凸版印刷株式会社

©Fujiyo Tsunemi 2020 Printed in Japan
ISBN978-4-591-16521-8
N.D.C.291/48P/29cm

現地取材！ 世界のくらし

A セット　全5巻（①～⑤）

B セット　全5巻（⑥～⑩）

続刊も毎年度刊行予定！

- 小学高学年～中学向き
- オールカラー
- A4変型判　各48ページ
- 図書館用特別堅牢製本図書

ポプラ社はチャイルドラインを応援しています

18さいまでの子どもがかけるでんわ
チャイルドライン®
0120-99-7777
毎日午後**4**時～午後**9**時　※12/29～1/3はお休み
電話代はかかりません　携帯（スマホ）OK

チャット相談はこちらから